AF205355

Impressum
Verlag: BABADADA GmbH, Nedderfeld 112 , 22529 Hamburg
Geschäftsführer / Verlagsleitung: Harald Hof
Druck: Books on Demand GmbH, In de Tarpen 42, 22848 Norderstedt

Imprint
Publisher: BABADADA GmbH, Nedderfeld 112 , 22529 Hamburg, Germany
Managing Director / Publishing direction: Harald Hof
Print: Books on Demand GmbH, In de Tarpen 42, 22848 Norderstedt, Germany

ښوونځی

اسکول

ټولګی
کمره جماعت
تقسیم
تقسیم کریں
186/2
بورډ
بورڈ
د ښوونځي حویلی
سکول کا صحن
ښوونکی
اُستاد
ورق
کاغذ
لیکل
لکھنا
قلم
قلم
ډیسک
میز
خط کش
پیمانہ
کتاب
کتاب
زده کوونکی
شاگرد

کڅوړه

بستہ

د پنسل بکسه

پینسل کیس

پنسل

پینسل

پنسل تراش

پینسل شارپنر

ربړ

ربڑ

د رسامۍ پاڼه

ڈرائنگ پیڈ

رسامي
....
ڈرائنگ

د نقاشۍ برس
....
پینٹ برش

د نقاشۍ بکس
....
پینٹ باکس

قیچي
....
قینچی

سریښ
....
گوند

د تمرین کتاب
....
مشق کی کاپی

کورنۍ دنده
....
ہوم ورک

شمیر
....
ہندسہ

2+2

جمع
....
جمع کریں

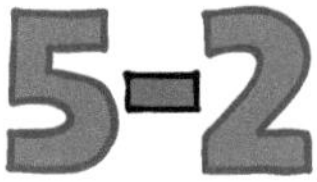

5-2

منفي
....
منفی کریں

2×2

ضرب
....
ضرب دیں

حساب
....
شمارکریں

A

توری
....
خط

ABCDEFG
HIJKLMN
OPQRSTU
VWXYZ

الفبا
....
حروف تہجی

hello

کلمه
....
لفظ

تباشير

چاک

لوستل

پڑھنا

متن

متن

ازموينه

امتحان

راجستر

اندراج

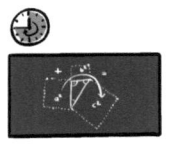

درس

سبق

تعليم

تعليم

د ښوونځي يونيفارم

سکول يونيفارم

تصديق پاڼه

سند

مايکروسکوپ

خورد بين

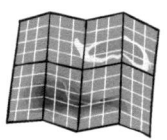

پوهنتون

يونيورسٹی

دايره المعارف

انسائيکلوپيڈيا

اشغالدانۍ

ويسٹ پيپرباسکٹ

نقشه

نقشہ

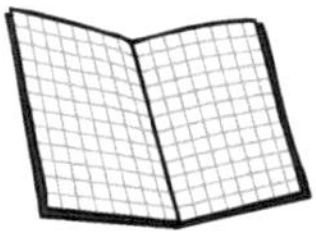

سفر

سفر

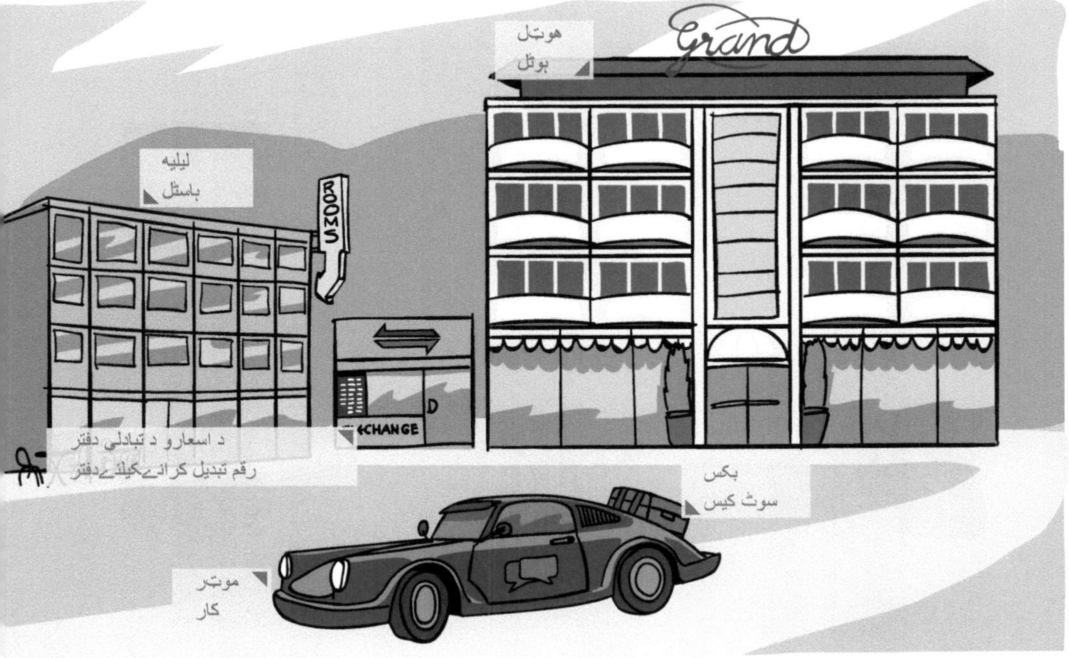
Grand
هوټل
ہوٹل
ROOMS
لیلیه
ہاسٹل
CHANGE
د اسعارو د تبادلې دفتر
رقم تبدیل کرانے کیلئے دفتر
بکس
سوٹ کیس
موټر
کار

سمه ده

....

ٹھیک ہے

هو/نه

....

ہاں / نہیں

ژبه

....

زبان

مننه

....

شُکریہ

ژباړونکی

....

مُترجم

سلام

....

ہیلو

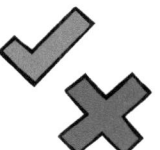

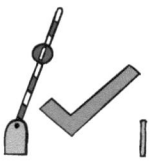

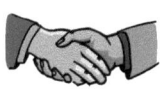

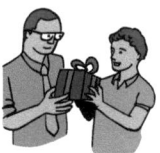

ستونزه

مشکل

زه نه پوهیږم

میں نہیں سمجھتا

څومره دي...؟

--- کی کیا قیمت ہے؟

شپه په خیر!

شب بخیر!

سهار په خیر!

صبح بخیر!

ماښام مو پخیر!

شام بخیر!

سامان

سفری سامان

لارښود

سمت

په مخه مو ښه

الوداع

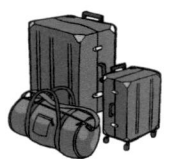

میلمه

مہمان

شاتنی بکس

بیگ پیک

بیک

بیگ

خیمه

ٹینٹ

د خوب کڅوړه

سلیپنگ بیگ

خونه

کمرہ

د توریزم معلومات

سیاحوں کےلئےمعلومات

ساحل

ساحل

کریډیټ کارت

کریڈٹ کارڈ

ناری

ناشتہ

د غرمي خواړه

لنچ

د شپي خواړه

ڈنر

ټیکټ

ٹکٹ

لفټ

لفٹ

مهر

مُہر

پوله

سرحد

ګمرک

کسٹمز

سفارت

سفارت خانہ

ویزه

ویزا

پاسپورټ

پاسپورٹ

ټرانسپورټ

نقل وحمل

الوتکه
ہوائی جہاز
سمندری جہاز
د اور ماشین
آگ بُجھانے والی گاڑی
بس
بس
ټرک
ٹرک
موټرکښتۍ
موٹربوٹ
بایک
سائیکل
موټر
کار

موټرسایکل
....
موٹرسائیکل

کښتۍ
....
کشتی

کښتۍ
....
فیری

کرایي موټر
....
کرایہ پرکار

د ریس موټر
....
ریسنگ کار

د پولیسو موټر
....
پولیس کار

د کرایه موټري

کارکا اشتراک کرنا

جرثقیل لرونکی ټرک

کھینچنے والا ٹرک

ریفیوز ټرک

کوڑے والا ٹرک

موټر

کار

سونګ توکي

ایندھن

پټرول سټیشن

پٹرول اسٹیشن

ترافیکي نښه

ٹریفک کے نشانات

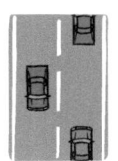

ترافیک

ٹریفک

جام ترافیک

ٹریفک جام

د موټرو تمځای

کارپارک

د ریل سټیشن

ٹرین اسٹیشن

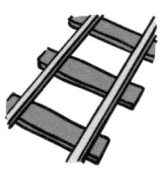

پاټکي

پٹڑیاں

ریل

ٹرین

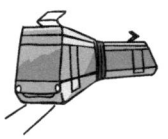

ټرام

ٹرام

واګون

ویگن

برج
ټاور

هوايي ډګر
ائرپورٹ

چورلکه
ہیلی کاپٹر

کارتون
ڈبہ

کانټېنر
کنٹینر

مسافر
مسافر

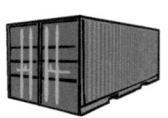

الوتنه کول/کښېناستل
اڑان بھرنا / زمین پراُترنا

ټوکرۍ
ٹوکری

کارت
ریڑھا

ښار
شہر

کور
مکان

د ښار مرکز
سٹی سنٹر

کلی
گاؤں

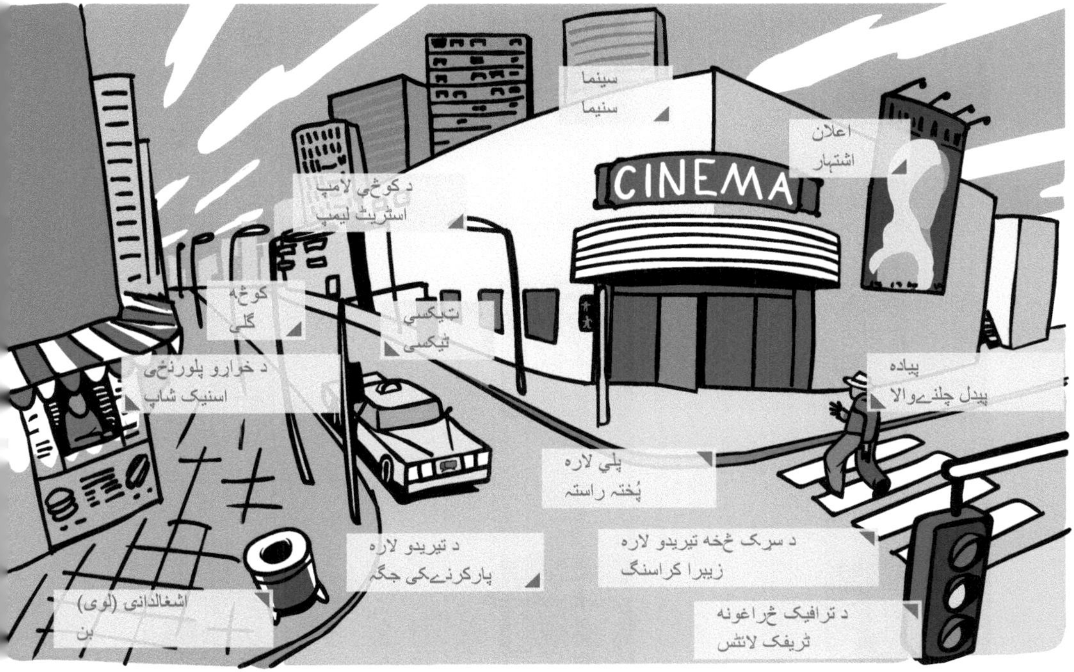

سینما
اعلان
اشتہار
د کوڅې لامپ
کوڅه
گلی
ٹیکسی
د خوارو پلورنځی
اسنیک شاپ
پیاده
پیدل چلنے والا
پلي لاره
پُختہ راستہ
د تیریدو لاره
پارکرنے کی جگہ
د سرک څخه تیریدو لاره
زیبرا کراسنگ
اشغالدانی (لوی)
بن
د ترافیک څراغونه
ٹریفک لائٹس

د ریل سټیشن

ٹرین اسٹیشن

اپارتمان

فلیٹ

کوډله

ہٹ

ښووونځی

اسکول

میوزیم

عجائب گھر

ټاون هال

ٹاؤن ہال

روغتون

ہسپتال

بانک

بینک

پوهنتون

یونیورسٹی

دفتر

دفتر

درملتون

فارمیسی

هوټل

ہوٹل

د ګلانو پلورنځی

پھولوں کی دُکان

پلورنځی

دکان

کتاب پلورنځی

کتابوں کی دکان

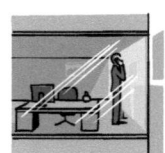

د ډیپارټمنټ سټور

ڈیپارٹمنٹ سٹور

مارکېټ

مارکیٹ

لوی پلورنځی

سُپرمارکیٹ

لنګرتون

بندرگاہ

د پلور مرکز

شاپنگ سنٹر

کب پلورنځی

مچھلی کی دُکان

پارک

پارک

بينچ

بنچ

پل

پُل

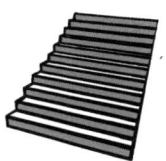

زينه

سیڑھیاں

د ځمکې لاندې

انڈرگراؤنڈ

تونل

سرُنگ

بس تمځای

بس اسٹاپ

بار

شراب خانہ

ریستورانت

ریسٹورنٹ

پوست بکس

پوسٹ باکس

د کوڅې نښه

اسٹریٹ سائن

د پارک کولو میټر

پارکنگ میٹر

ژوبڼ

چڑیا گھر

د لامبو حوض

سوئمنگ پول

مسجد

مسجد

هدیره

قبرستان

ناپاکي

آلودگی

کروندہ

کھیت

معبد/کلیسا

مندر

د لوبو ډګر

کھیل کا میدان

چرچ

چرچ

منظره

منظر

پاڼه
پتہ
د لارښوونې نښه
رہنمائی کے لئے لگا ہوا بورڈ
لاره
راستہ
چمن
سبزہ زار
کاڼی
پتھر
ونه
درخت
هیکر
پیدل چلنے والا، ہائکر
سیند
دریا
واښه
گھاس
ګل
پھول

ناور

جهیل

غونډۍ

پہاڑی

دره

وادی

اورشیندی

آتش فشاں

دشته

صحرا

ځنګل

جنگل

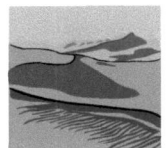

مرخیړي

کھمبی

رنګین کمان

قوس قزح

کلا

قلعہ

الوتل

مکھی

ماشي

مچھر

پلم ونه

کجھورکا درخت

غوندل/جولا

مکڑا

مچۍ

مکھی

میږی

چیونٹی

ګونګټ
....
بھونرا

چونګښه
....
مینڈک

نولی
....
گلہری

زیږکی
....
خارپُشت

سوی
....
خرگوش

ګونګ
....
اُلو

مرغی
....
پرنده

قازه
....
راج ہنس

نرخوک
....
سؤر

هوسی
....
ہرن

ګاوزه
....
امریکی باره سنگھا

بند
....
ڈیم

بادي توربین
....
ہوا سےچلنےوالی ٹربائین

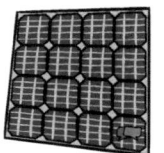

سولر تختي
....
سولرپینل

اقلیم
....
آب وہوا

ریسټورانټ
ریسٹورنٹ

پیشخدمت
ویٹر
مینو
مینیو
کُرسی
سوپ
سوپ
پیزا
پیزا
ښاخې، چاقو، کاشوغه
کٹلری
ٹیبل کلاتھ

سټارټر
....
اسٹارٹر

اصلي خواړه
....
مین کورس

شیرني
....
ڈیزرٹ

څښاک
....
مشروبات

خواړه
....
کھانے کی اشیاء

بوتل
....
بوتل

چای جوش
....
چائےدانی

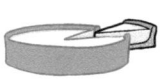

د کوڅې خواړه
....
اسٹریٹ فوڈ

فاسټ فوډ
....
فاسٹ فوڈ

اسپرسو مشین
....
ایسپریسو مشین

برخه
....
حصہ

قندانی
....
شوگرباکس

مجمه
....
ٹرے

رسید
....
بل

لوړه چوکی
....
اونچی کُرسی

قاشق
....
چمچ

پنجه
....
کانٹا

چاکو
....
چھُری

ګلاس
....
شیشہ

سورویت
....
سرویئیٹی

چای قاشق
....
چائےکا چمچ

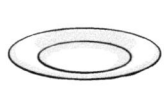

نالبکۍ

....

طشتری

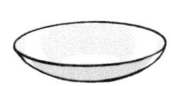

د سوپ پلیټ

....

سوپ پلیٹ

پلیټ

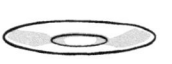

....

پلیٹ

د مرچ ټکولو لوخی

....

پیپرمل

مالګه شیندونکی

....

سالٹ شیکر

ساس

....

چٹنی

مساله

....

مصالحے

غوړي

....

خوردنی تیل

سرکه

....

سرکہ

چکه

....

میئونیز

شړشم

....

سرسوں

کچ اپ

....

کیچپ

لوی پلورنځی

سُپرمارکیٹ

قصابي

گوشت کی دُکان

نانوایی

بیکری

وزن کول

وزن کرنا

سبزیجات

سبزیاں

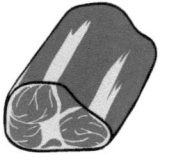

غوښه

گوشت

کنګل خواړه

جما ہوا کھانا

د مينځلو پوډر

واشنگ پاؤڈر

کنسروا خواړه

ڈبےمیں بند کھانا

يخه غوښه

کولڈ کٹس

د پاکولو محصولات

صاف کرنےکیلئےمصنوعات

کورني توليدات

گھریلو مصنوعات

شيريني

مٹھائیاں

صراف

کیشئیر

د نغدي راجستر

کیش رجسٹر

د پلور فرد

سیلزپرسن

بټوه

بٹوہ

کاري ساعتونه

اوقات کار

د پيرود ليست

خریداری کی فہرست

پلاستيک کڅوړه

پلاسٹک کےتھیلے

کڅوړه

تھیلا

کريډيټ کارت

کریڈٹ کارڈ

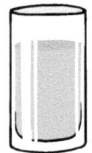

څښاک

مشروبات

اوبه

پانی

جوس

جوس، رس

شیده

دودھ

کوک

کوک

واین

وائن

بیر

بیئر

الکول

الکوحل

ککاو

کوکوآ

چای

چائے

کافي

کافی

اسپرسو

ایسپریسو

کپچینو

کیپاچینو

کھانےکی اشیاء

نارنج

مالٹا

مڼه

سیب

کیله

کیلا

ګازره

گاجر

لیمو

لیموں

هندوانه

خربوزه

پیاز

پیاز

بانګس

بانس

هوږه

لہسن

آش

نوڈلز

چغزی

اخروٹ، بادام وغیره

مرخیړي

کھُمبی

سلاد

سلاد

وريجي

چاول

سپيګټي

اسپیگیٹی

پيزا

پیزا

سره کړي کچالو

تلےگئےآلو

چپس

چپس

کتره

کٹلیٹ

ساندويچ

سینڈوچ

همبرګر

ہیم برگر

ساسچ

ساسیج

سلمي

گوشت کی اطالوی ساسیج

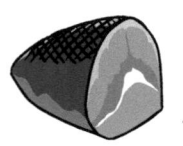

د پتون غوښه

سؤرکی ران کا گوشت

کب

مچھلی

روسټ

روسٹ

چرګ

مُرغی

د وربشي شیرني

....

جئی کا دلیہ

موسلي

....

میوزلی

د جوار پلی

....

کارن فلیکس

اوړه

....

آٹا

کروسانت

....

کروئیسنٹ

د ډوډی رول

....

بریڈ رول

ډوډی

....

بریڈ

ټوسټ

....

ٹوسٹ

بسکیټ

....

بسکٹ

کوچ

....

مکھن

چکه

....

دہی

کیک

....

کیک

هګی

....

انڈا

پښې هګی

....

فرائی کیا گیا انڈہ

پنیر

....

پنیر

شهد

شہد

بوره

چینی

آیس کریم

آئس کریم

کورکمان

سالن

نوگـاتِ کریم

ناؤگٹ کریم

مربا

جام

کرونده

کهیت

د کروندې خونه
فارم ہاؤس
غوجل
کهلیان
تنکوں کی گانٹھ
کھیت
اس
گھوڑا
لاس ګاډی
ٹریلر
کوچنی اس
گھوڑے کا بچہ
ټریکټر
ٹریکٹر
خر
گدھا
پسه
بھیڑ
وری
میمنہ

خوسکی

بچھڑا

غوا

گائے

وزه

بکری

غویی

سانڈ

د خوګ بچی

سؤر کابچہ

خوګ

سؤر

کھیت - کرونده

چرګوړی

چوزہ

هیلی

بطخ

بته

راج ہنس

سارای موږک

چوہا

بانګي

مُرغا

چرګه

مُرغی

غویی

بیلچہ

موږک

چوہا

پیشک

بلی

د باغ هوز

گارڈن ہاؤس

د سپي خونه

کُتے کا گھر

سپی

کُتا

یوی

ہل

لور (داس)

درانتی

د اوبو لوخی

پانی کا کین

بڼاخی

ترنگل

رمبی

بیلچہ

لور

درانتی

ناوه

حوض

کراچۍ

ہتہ گاڑی

تبر

کلہاڑا

کټاره

باڑ

جوال

تھیلا

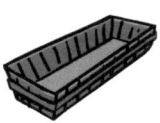

د شیدو لوخی

دودھ کا کین

خاوره

مٹی

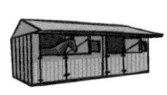

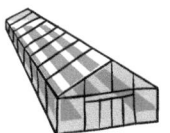

شنه خونه

گرین ہاؤس

مضبوط

اصطبل

کډ ريبونکی ماشين

کمبائن ہارویسٹر

سره/کود

فرٹیلائیزر

تخم

بیج

خوارږه کچالو

....

افریقی آلو

درمند

....

فصل کاٹنا

زیرمه کول

....

فصل کاٹنا

کچالو

....

آلو

سویا

....

سویا

غنم

....

گندم

د میوي ونه

....

پهلداردرخت

نباتي تخم

....

توریا کا تیل

جوار

....

مکئی

غله

....

دلیہ

مانیوک

....

کساوا

کور

مکان

چمنی
بام
ناودان
نیچےجانےوالا پائپ
کھڑکی
گیراج
د دروازې زنګ
دروازےکی گھنٹی
دروازه
دروازه
اشغالدانۍ
کوڑےکی ٹوکری
د لیک بکس
لیٹرباکس
باغ
گارڈن

پخلنځی

باورچی خانہ

حمام

غُسل خانہ

د اوسيدو خونه

لوونگ روم

د خوارو خونه

کھانےکا کمرہ

د ماشوم خونه

بچوں کا کمرہ

د ويده کيدو خونه

بیڈروم

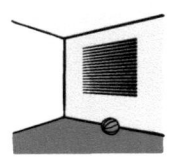

چت

چھت

ديوال

دیوار

فرش

فرش

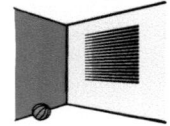

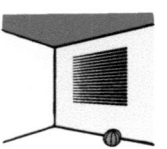

بالکوني

بالکونی

سونا

سوانا

زيرخانه

تہ خانہ

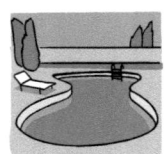

د چمن وهلو ماشين

گھاس کاٹنے کی مشین

حوض

پول

ټراس

ٹیریس

تخت

بستر

روجايي

چادر

شيټ

چادر

سويچ

سوئچ

بوکه

بالٹی

جارو

جھاڑو

د اوسیدو خونه

لوونگ روم

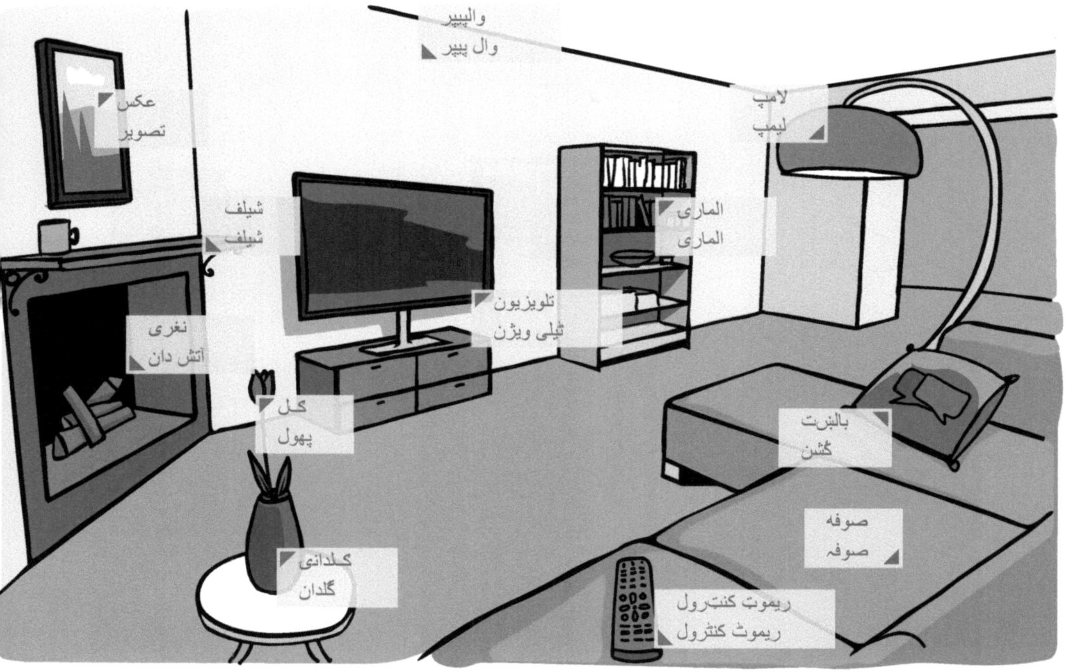

والپیپر
وال پیپر
عکس
تصویر
لیمپ
شیلف
شیلف
الماری
الماری
نغری
آتش دان
تلویزیون
ٹیلی ویژن
گل
پھول
بالښت
کشن
صوفه
صوفه
گلدانی
گلدان
ریموټ کنټرول
ریموٹ کنٹرول

میز
میز

پرده
پردے

غالی
قالین

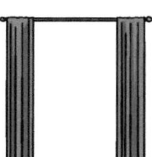

بازو لرونکی چوکی
آرام کرسی

تاویدونکي چوکی
ہلنے والی کرسی

چوکی
کرسی

ډیکوریشن

آرائش

کمپل

کمبل

کتاب

کتاب

هایفای

ہائی فائی

فلم

فلم

د اور لرګي

جلانےکی لکڑی

نقاشي

پینٹنگ

ورځپاڼه

اخبار

کلي

چابی

کتابچه

نوٹ بُک

راډیو

ریڈیو

پوستر

پوسٹر

شمع

موم بتی

کاکتوس

کیکٹس

واکیوم جارو

ویکیوم کلینر

پخلنځی

باورچی خانہ

فریج
فرج
مایکرو ویو اون
مائیکروویواوون
کچن اسکیل
ٹوسٹر
مینځونکی
کپڑےدھونےکا پاؤڈر
ستوو
یخچال
فریزر
اشغالدانی
کوڑےکی ٹوکری
د لوخو مینځونکی
ڈش واشر

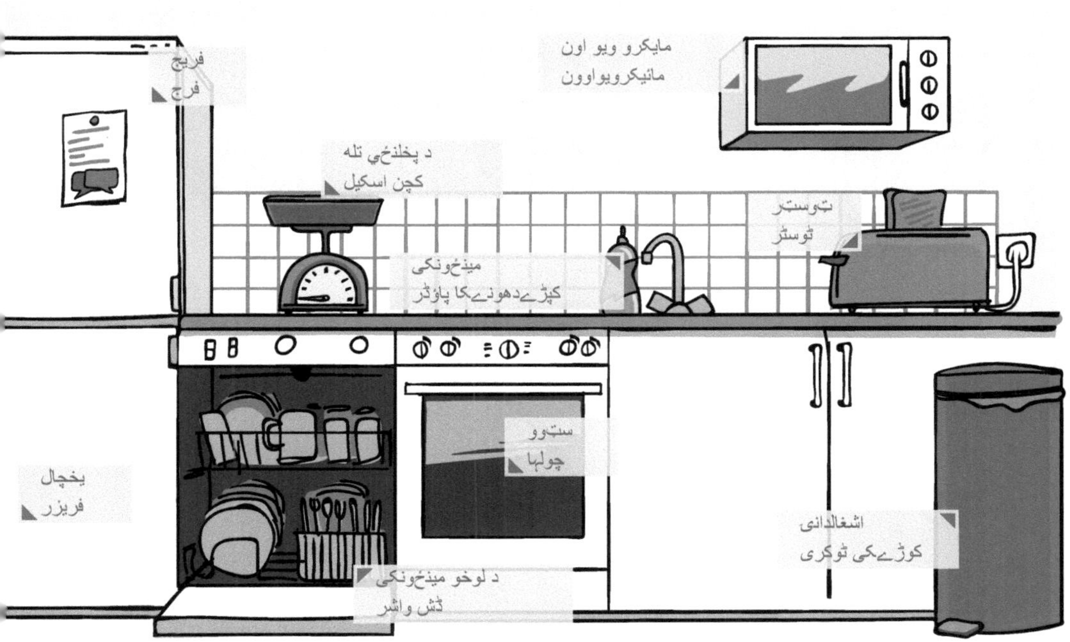

دیگ بخار

ڈکر

لوخی

برتن

چدني لوخی

لوہےکا برتن

ووک

کڑاہی

د تلي په

برتن

چاې جوش

کیتلی

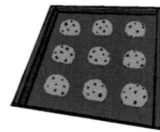

لوخي

کراکری

پتنوس

بیکنگ ٹرے

د بخار دیګ

اسٹیمر

د رانیولو اوزار

چاپ اسٹکس

کاسه

پیالہ

مګ

مگ

پاکونکی

جھاڑودینا

کفګیر

کفچہ

ځمڅۍ

ڈوئی

ګریټر

گریٹر

غلبیل

چھلنی

صافي

مقطر

خلاص اور

کھُلی آگ

بار بي کیو

باربی کیو

اونګ

کونڈی

تخته

....

چاپنگ بورڈ

هوارونکی

....

بیلن

کارک سکریو

....

کارک اسکریو

ټیم

....

کین

د ټیم خلاصونکی

....

کین اوپنر

د لوخي ټوټه

....

برتن پکڑنےوالا کپڑا

ظرف شوی

....

سنک

برس

....

برش

سپنج

....

اسپونج

بلینډر

....

بلینڈر

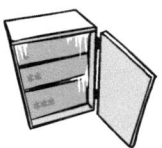

ژور یخچال

....

ڈیپ فریز

د ماشوم بوتل

....

بچےکی بوتل

نل

....

ٹونٹی

تودول
جان پاک
تولیه
شاور
شاور
د شاور پرده
شاورکرٹن
ببل حمام
ببل باته
د حمام ټب
باته ٹب
د مینځلو مشین
واشنگ مشین
نل
ٹونٹی
ټایلونه
ٹائلیں
یو ډول کمود
ظرف شوی
سنک

تشناب
....
ٹائلٹ

فرشي کمود
....
دوزانوں بیٹھنےوالی ٹائلٹ

کمود
....
نچلاحصہ دھونےکیلئےپاٹ

د متیازو ځای
....
پیشاب گاه

تشناب کاغذ
....
ٹائلٹ پیپر

د تشناب برس
....
ٹائلٹ برش

د غاښونو نخ

ڈینٹل فلاس

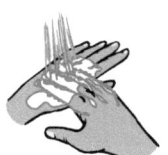

د غاښونو کریم

ٹوتھ پیسٹ

د غاښونو برس

ٹوتھ برش

دوش

شاور

لاسي شاور

ہینڈ شاور

مینځل

دھونا

صابون

صابن

د شا برس

بیک برش

خانک

بیسن

فلانل جامه

فلالین

شامپو

شیمپو

د شاور ژل

شاورجل

سپری

ڈیوڈورنٹ

کریم

کریم

وچول

ڈرین

ریزر

ریزر

لاسي آینه

ہاتھ میں پکڑا جانے والا آئینہ

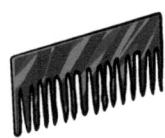

آینه

آئینہ

ګمنځ

کنگھی

د خریلو وروسته

آفٹرشیو

د خریلو فوم

شیونگ فوم

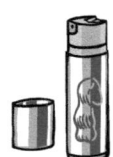

د ویښتانو سپری

ہیئراسپرے

د ویښتانو وچونکی

ہیئرڈرائر

برس

برش

د نوکانو پالش

نیل وارنش

لیپ سټیک

لپ اسٹک

میک اپ

میک اپ

عطر

پرفیوم

ناخن ګیر

ناخن کاٹنے کی قینچی

کاټن وړی

روئی

د وزن کولو تله

....

وزن کرنےکی مشین

سټول

....

پاخانہ

د مینځلو کڅوړه

....

واش بیگ

ټامپون

....

ٹیمپون

د ربړ دستکش

....

ربڑکےدستانے

د حمام پوښاک

....

باتھ روب

کیمیکل تشناب

....

کیمیکل ٹائلٹ

صحیي جان پاک

....

سینیٹری ٹاول

بچوں کا کمرہ

د الارم ساعت
الارم کلاک
د لوبو وسایل
کٹلی ٹوائے
د ناڼځکي موټر
کھلونا کار
جُھنجھنا
د ناڼځکو خونه
گڑیا گھر
موجود

بالون

غبارہ

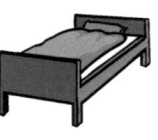

تخت

بستر

کالسکه

پرام

د لوبو ورقې

ڈیک آف کارڈز

جیګسا

جگسا

مسخره

کامک

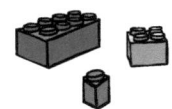

د اکشن فیگـور

ایکشن فگر

د نانځکو بلاک

کھلونا بلاکس

لیگـو بریک

لیگوبرکس

موبایل

کھلونا موبائل

فریزبي

فرسبی

د ماشوم پوښاک

بچےکا لباس

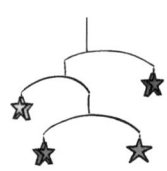

ماډل ریل سیټ

ماڈل ٹرین سیٹ

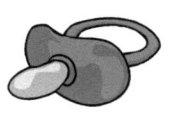

تاس

ڈائس

بورډ لوبه

بورڈ گیم

د عکسونو البوم

تصاویروالی کتاب

پارټي

پارٹی

ګـونګـشی

ڈمی

لوبیدل

کھیلنا

نانځکه

گڑیا

بال

گیند

نانځکي
....
کھلونے

سوينګ
....
جھولا جھولنا

د شګو کنده
....
سینڈ پٹ

ګوډکه
....
ٹیڈی بیئر

ټرای سایکل
....
تین پہیوں والی سائیکل

د ویډیو لوبو کنسول
....
وڈیوگیم کنسول

د کالو الماری
....
کپڑوں کی الماری

پوښاک

لباس

ټایټس
....
ٹائٹس

لوړي جرابي
....
اسٹاکنگز

جرابي
....
موزے

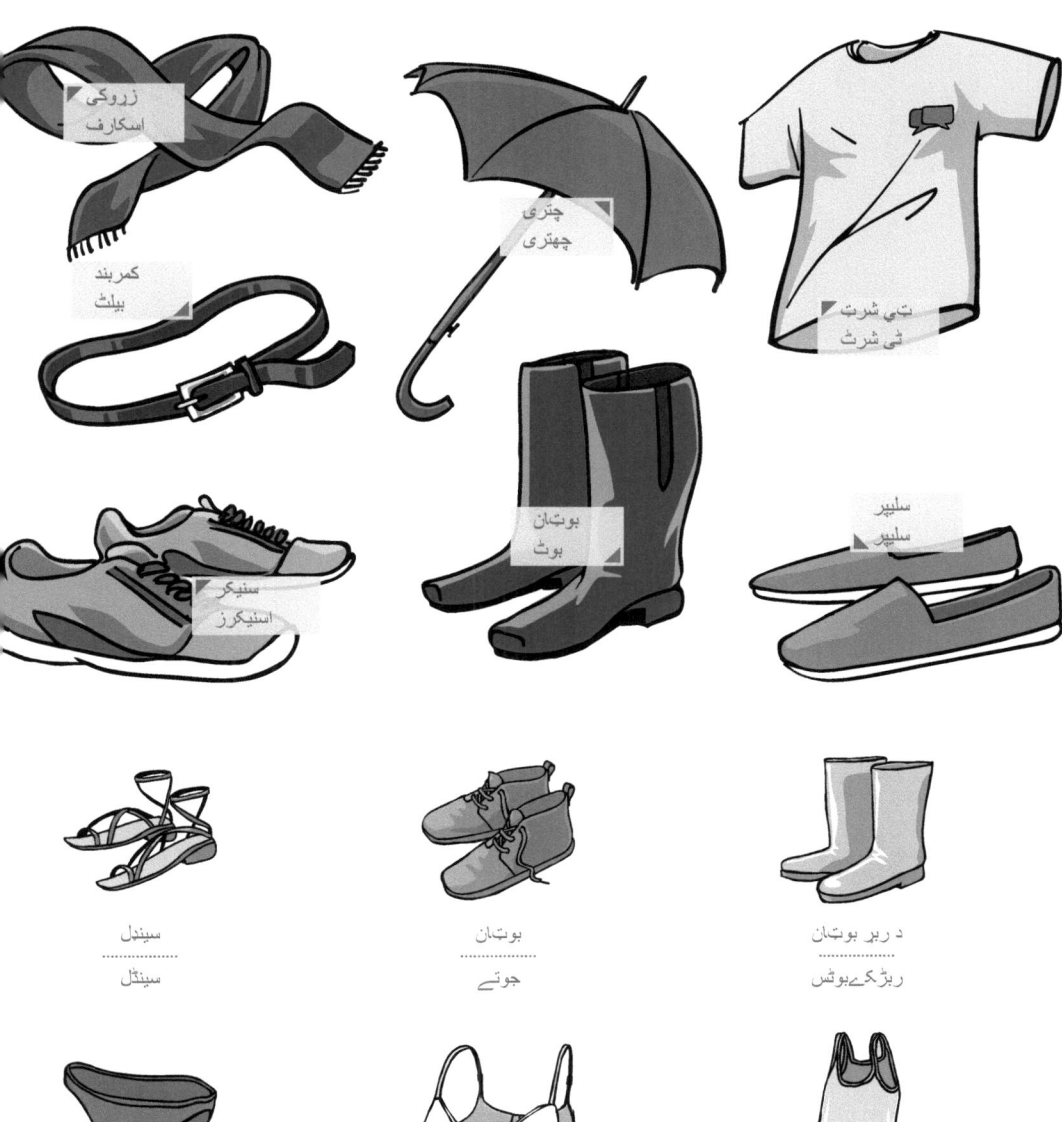

زروکی
اسکارف

کمربند
بیلٹ

چتری
چھتری

تي شرت
ٹی شرٹ

بوتان
بوٹ

سلپیر
سلیپر

سنیکر
اسنیکرز

سیندل
سینڈل

بوتان
جوتے

د ربر بوتان
ربڑ کے بوٹس

زیرنیکري
زیرجامہ

سینه بند
بریزئیر

واسکت
واسکٹ

جینز

جینز

پتلون

پتلون

باډي

جسم

شرټ

قمیض

بلاوز

بلاؤز

لمن

اسکرٹ

بلیزر

بلیزر

سویټر

سویٹر

بنیان

پُل اوور

د باران کوټ

رین کوٹ

کوټ

کوٹ

جاکټ

جیکٹ

د واده پوښاک

شادی کا لباس

کالي

لباس

پوښاک

کوئی خاص لباس

پاجامه

پائجامہ

د شپې پوښاک

نائٹ گاؤن

دريشي

سوٹ

پټکی

پگڑی

لوپټه

سرپرلیا جانےوالا اسکارف

ساړي

ساڑھی

عبا

عبایہ

كفتن

کفتان

برقه

بُرقع

شارټ

نیکر

نيکر

ٹرنک

د لامبو پوښاک

تیراکی کا سوٹ

دستکش

دستانے

پيش بند

اپرن

د ځغاستي پوښاک

ٹریک سوٹ

لاس بند

کنگن

عینک

عینک

بټن

بٹن

غوږوالۍ

کانوں کی بالیاں

ګوتمه

انگوٹھی

غاړه کۍ

ہار

خولۍ

ہیٹ

کوټ بند

کوٹ ہینگر

خولۍ

ٹوپی

هیلمټ

ہیلمٹ

ځنځیر

زپ

ټایی

ٹائی

یونیفارم

وردی

د ښوونځي یونیفارم

سکول یونیفارم

تړونکي

بریسز

نيپي
نیپی

کـونکـشی
ڈمی

بيب
بب

دفتر

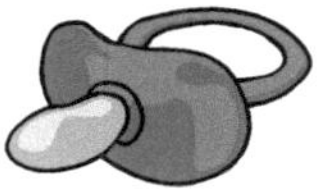

دفتر

سرور
سرور
د دوسيه الماری
فائلوں کی الماری
پرينټر
ورق
کاغذ
مانيټور
مانیٹر
ماوس
ماؤس
میز
فولډر
کي بورډ
کی بورڈ
چوکی
کُرسی
اشغالدانی
ویسٹ پیپرباسکٹ
کمپيوټر
کمپیوٹر

انټرنيټ
انٹرنیٹ

کالکوليټر
کیلکولیٹر

د کافي پياله
کافی مگ

پیغام

پیغام

لیک

خط

لپ ټاپ

لیپ ٹاپ

فوټوکاپیر

فوٹوکاپئیر

نیټورک

نیٹ ورک

موبایل

موبائل

پلک ساکټ

پلگ ساکٹ

تلیفون

ٹیلی فون

سافټویر

سافٹ ویئر

سند

دستاویز

فارم

فارم

فکس مشین

فیکس مشین

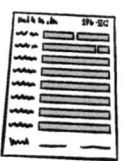

سوداګري کول
....
تجارت کرنا

تادیه کول
....
ادائیگی کرنا

پیرل
....
خریدنا

یورو
....
یورو

ډالر
....
ڈالر

پیسې
....
رقم

سویسي فرانک
....
سوئس فرانک

ربل
....
روبل

ین
....
ین

د نغدي پیسو ځای
....
کیش پوائنٹ

روپۍ
....
روپیہ

رینمینبي یوان
....
رینمنیبی یوآن

د اسعارو د تبادلي دفتر
....
رقم تبدیل کرانےکیلئےدفتر

سره زر
....
سونا

سپین زر
....
چاندی

تیل
....
خام تیل

انرژي
....
توانائی

نرخ
....
قیمت

قرارداد
....
معاہدہ

مالیه
....
ٹیکس

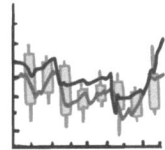

اسهام
....
اسٹاک

کار کول
....
کام کرنا

کارمند
....
ملازم

کار ګومارونکی
....
آجر

فابریکه
....
فیکٹری

پلورنځی
....
دکان

مسلکونه

پیشے

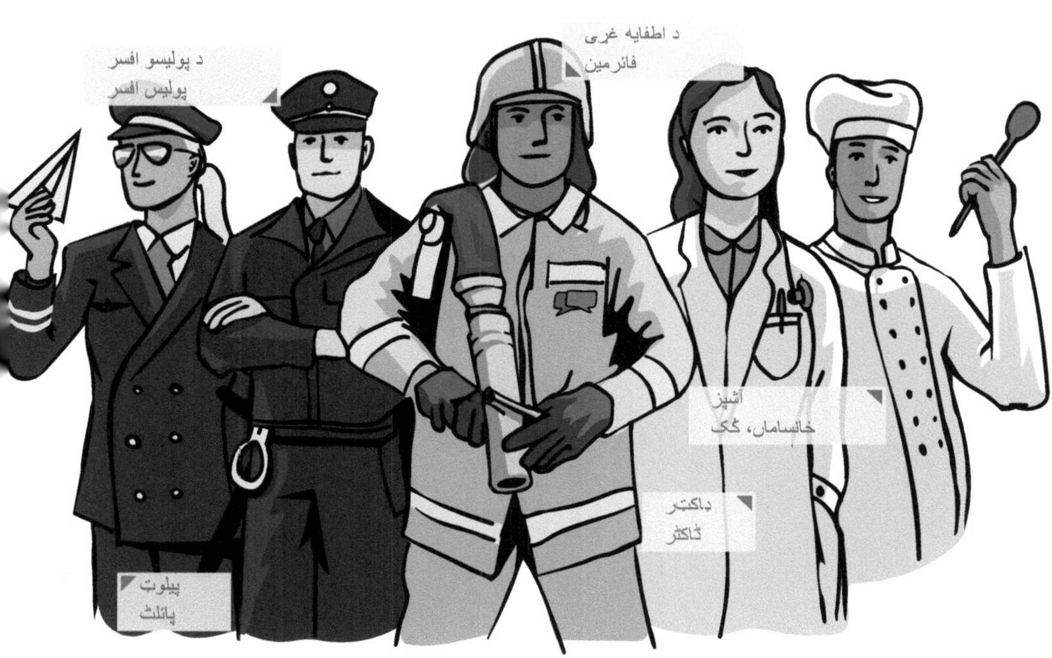

د پولیسو افسر
پولیس افسر
د اطفایه غړی
فائرمین
آشپز
خانساماں، کُک
ډاکټر
ڈاکٹر
پیلوټ
پائلٹ

خیاط

درزن

نجار

ترکھان

باغوان

مالی

د فلم لوبغاړی

اداکار

کیمیا پوه

کیمسٹ

قاضي

جج

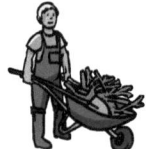

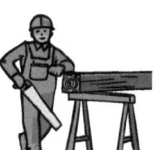

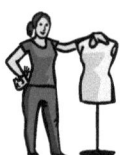

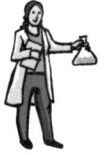

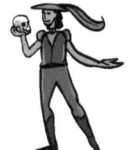

د بس ډرايور
....
بس ڈرائیور

د ټېکسي ډرايور
....
ٹیکسی ڈرائیور

کب نیونکی
....
مچھیرا

خدمه
....
صفائی کرنےوالی عورت

بام جوړونکی
....
چھت بنانےوالا

پېشخدمت
....
ویٹر

ښکاري
....
شکاری

نقاش
....
پینٹر

نانوا
....
بیکر

د برښنا کارکونکی
....
الیکٹریشین

تعمیر جوړونکی
....
بلڈر

انجنیر
....
انجینئیر

قصاب
....
قصائی

نلدوان
....
پلمبر

پوست رسونکی
....
ڈاکیا

صراف

کیشئیر

مهندس

آرکیٹیکٹ

سرتیری

سپاہی

کلینډر

کنڈکٹر

نایی

نائی

مالیار

پھول بیچنےوالا

د غاښونو ډاکټر

ڈینٹسٹ

کپتان

کپتان

میکانیک

مکینک

امام

امام

ښاغلی

یہودی عالم

ساینس پوه

سائنسدان

پادري

پادری

مذهبي نفر

راہب

لوازم

اوزار

پلاس
پلائرز
پیچکش
پیچ کس
رینچ
رینچ
څراغ

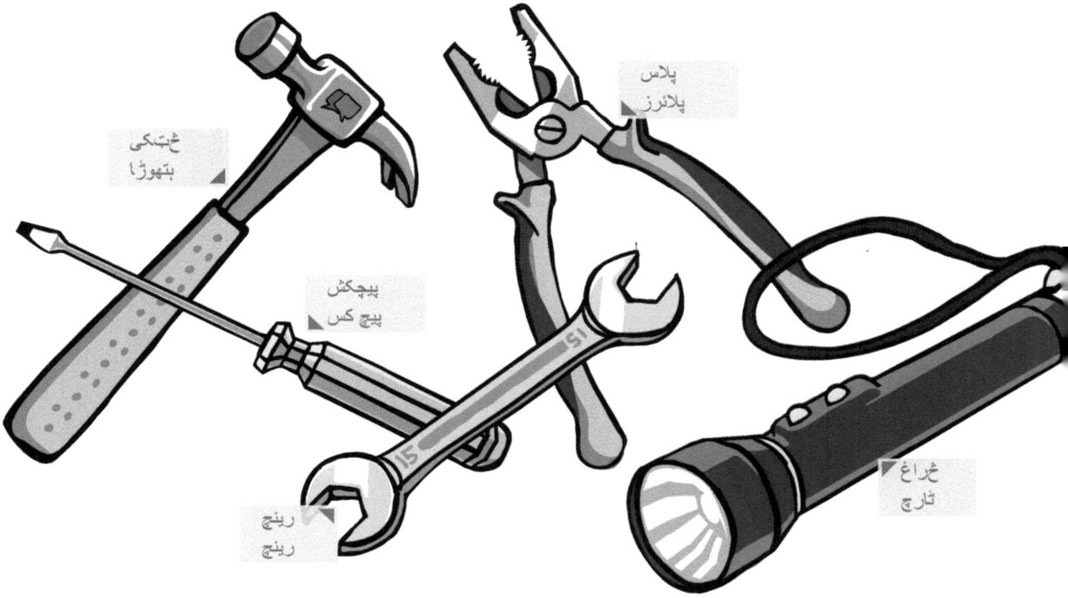

کنستونکی

ایکسکویٹر

د لوازمو بکس

ٹول باکس

زینه

سیڑھی

اره

آری

میخونه

کیل

برمه

ڈرل

لعنت!

لعنت ہو!

بیل

بیلچہ

ترمیم کول

مرمت کرنا

پیچونه

پیچ

مشواڼی

پینٹ پاٹ

خاک انداز

ڈسٹ پین

د میوزیک آلات

آلات موسیقی

لاوډ سپیکر
لاؤڈ اسپیکر
ډرم سیټ
ڈرم سیٹ
گٹار
کنټرباس
ڈبل باس
ټرومپیټ
بگل

باس

موسیقی کی آواز

وایلن

وائلن

پیانو

پیانو

کي بورډ

کی بورڈ

ډرمونه

ڈھول، ڈرمز

نغاره

ٹمپانی

مایکروفون

مائیکروفون

شپیلی

بانسری

سیکسافون

سیکسوفون

ژوبڼ

چڑیا گھر

ننوتو لاره
داخلے کا راستہ
چیتا
پنجره
پنجره
ګوره خر
زیبرا
جانوروں کا چارہ
پانڈا

ژوی

جانور

هاتي

ہاتھی

کنګرو

کینگرو

د اوبو اسپ

گینڈا

ګوریلا

گوریلا

ایږه

ریچھ

زمری

....

شیر

شترمرغ

....

شُترمُرغ

اوښ

....

اونٹ

طوطي

....

طوطا

غزی

....

فلیمنگو

بیزو

....

بندر

شارک

....

شارک

پینګوین

....

کبوتر

قطبي ایږه

....

قطبی ریچھ

تمساح

....

مگرمچھ

مار

....

سانپ

طاوس

....

مور

جګوار

....

امریکی تیندوا

سیل

....

سیل

ژوبڼ ساتونکی

....

چڑیا گھر کا محافظ

هیپو

دریائی گھوڑا

پړانګ

چیتا

یابو

ٹٹو

نرخوک

سؤر

باز

عقاب

زرافه

زرافہ

سمندري نولی

سمندری گھوڑا

شمشتی

کچھوا

کب

مچھلی

هوسی

غزال ہرن

ګیدړه

لومڑی

امریکایي فتبال
امریکن فٹ بال

سایکل ځغلول
سائیکلنگ

ټینس
ٹینس

باسکیټبال
باسکٹ بال

لامبو
پیراکی

د کنګل هاکي
آئس ہاکی

باکسینګ
باکسنگ

فتبال
....
فٹ بال

کسیزه
....
بیڈمنٹن

د ځغاستي لوبي
....
اتھلیٹکس

د هندبال
....
ہینڈ بال

سکي
....
اسکیننگ

پولو
....
پولو

فعالیتونه

سرگرمیاں

تېوپ وهل
چھلانگ لگانا
غاړه ورکول
گلے لگانا
خندل
چلنا
سندري ويل
گانا
خوب ليدل
خواب دیکھنا
عبادت کول
دُعا کرنا
مچو کول
چُومنا

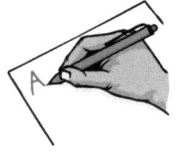

ښودل

دکھانا

کښل

تصویرکشی کرنا

ليکل

لکھنا

اخيستل

لینا

ورکول

دینا

ټيله کول

آگےکی طرف دھکیلنا

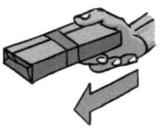

پاییدل

ہونا

کول

کرنا

درلودل

رکھنا

راکښل

کھینچنا

منډې وهل

دوڑنا

ودریدل

کھڑا ہونا

څملاستل

جھوٹ بولنا

لویدل

گرنا

کوزارل

پھینکنا

کښیناستل

بیٹھنا

وړل

اُٹھانا

انتظار کول

انتظارکرنا

پاڅیدل

جاگنا

ویده کیدل

سونا

پوښاک اغوستل

ملبوس ہونا

بريد کول

چوٹ لگانا

ژړل

رونا

کتل

دیکھنا

پوهيدل

سمجھنا

خبرې کول

بات کرنا

ګمنځ کول

کنگھی کرنا

څښل

پینا

اوريدل

مُتوجہ ہونا

غوښتل

پوچھنا

مينه کول

پیارکرنا

پاکول

صاف کرنا

خوړل

کھانا

الوتل

اُڑنا

موټر چلول

گاڑی چلانا

پخلی کول

پکانا

لوستل

....

پڑھنا

حساب

....

شمارکریں

بیړی چلول

....

بحری سفرکرنا

واده کول

....

شادی کرنا

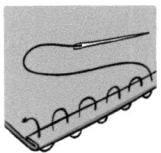

کار کول

....

کام کرنا

زده کول

....

سیکھنا

وژل

....

جان سےماردینا

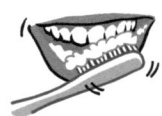

د غاښونو برس کول

....

دانت صاف کرنا

ګنډل

....

سینا

لیږل

....

بھیجنا

سګرټ څښل

....

تمباکونوشی کرنا

خاندان

نیا
دادی
نیکه
دادا
پلار
باپ
مور
ماں
ماشوم
طفل
لور
بیٹی
زوی
بیٹا

میلمه

مہمان

ترور

چچی

کاکا/ماما

چچا

ورور

بھائی

خور

بہن

تندی
ماتھا

سترگی
آنکھ

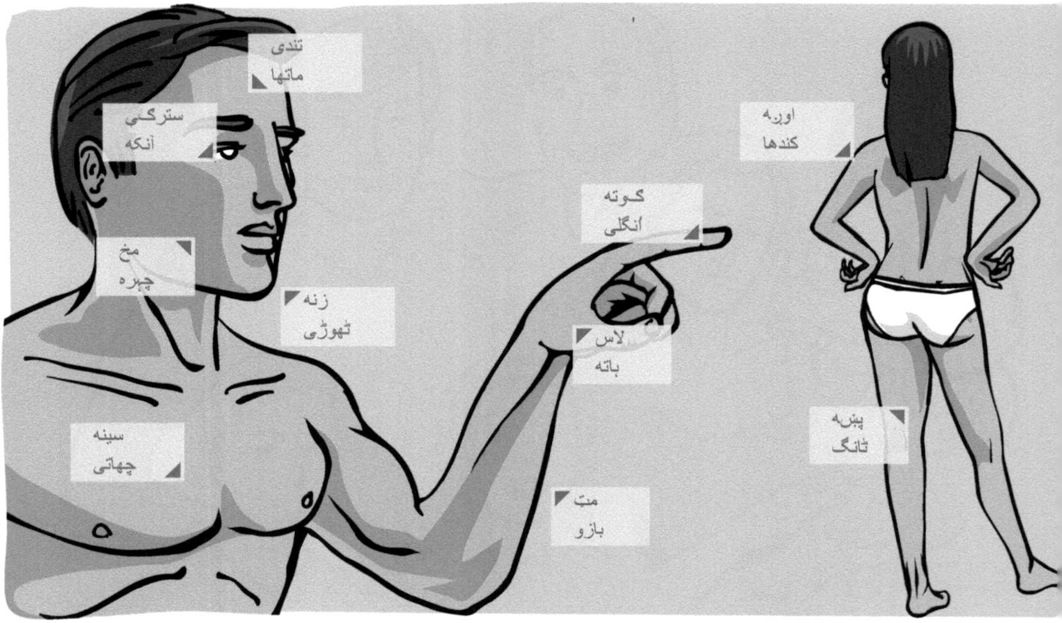

مخ
چہره

زنه
ٹھوڑی

سینه
چھاتی

گوته
انگلی

لاس
ہاتھ

مټ
بازو

اوږه
کندھا

پښه
ٹانگ

	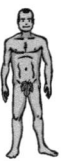	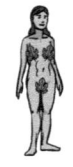
ماشوم	سړی	ښځه
طفل	آدمی	عورت

انجلۍ	هلک	سر
لڑکی	لڑکا	سر

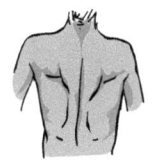

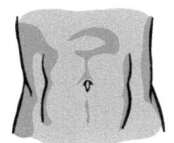

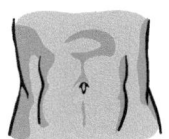

نوم
ناف

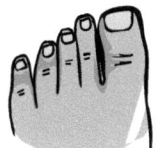

خیټه
پیټ

شا
کمر

هډوکی
ہڈی

پونده
ایڑھی

د پښې ګوته
پاؤں کا انگوٹھا

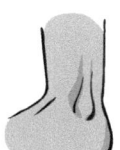

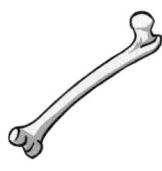

څنګل
کہنی

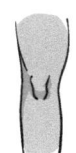

زنګون
گھٹنا

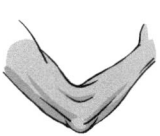

کوناټی
کولہا

پوټکی
جلد

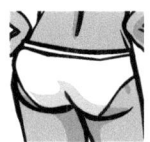

لاندي برخه
نچلا حصہ

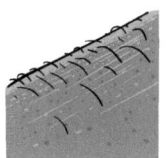

پوزه
ناک

شونډه
ہونٹ

غوږ
کان

غومبوری
گال

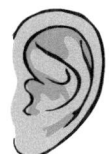

ژبه
....
زُبان

غاښ
....
دانت

خوله
....
مُنہ

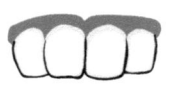

عضله
....
پٹھہ

زړه
....
دل

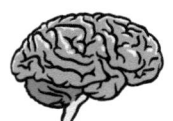

مغز
....
دماغ

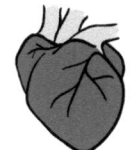

معده
....
معدہ

ځيګر
....
جگر

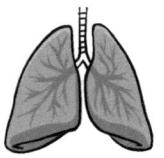

سږی
....
پھیپھڑا

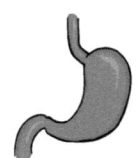

کانډوم
....
کنڈوم

جنسي نږدې والی
....
جنس

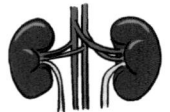

پښتورګي
....
گردے

حمل
....
حمل

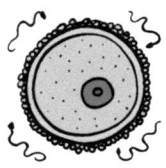

مني
....
مادہ منویہ

تخمه
....
بیضہ

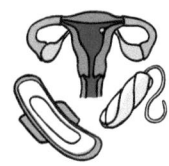

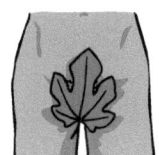

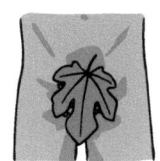

د نارينه تناسلي آله

عضوتناسل

مهبل

اندام نهانی

حيض

حيض

غاړه

گردن

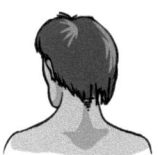

ويښته

بال

وروځې

بهنوین

روغتون

هسپتال

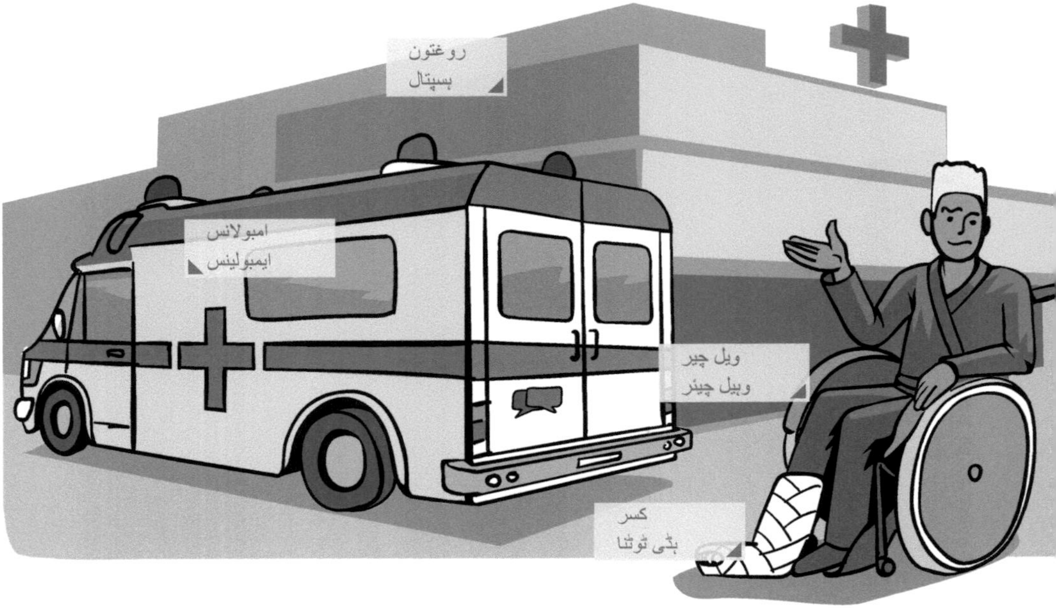

روغتون
هسپتال
امبولانس
ایمبولینس
ویل چیر
وہیل چیئر
کسر
ہڈی ٹوٹنا

رنځورپال

نرس

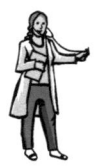

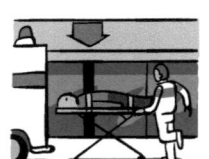

عاجل خونه

ہنگامی کمرہ

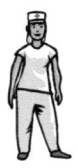

ډاکټر

ڈاکٹر

درد

درد

بي هوش

بےہوش

عاجل

ہنگامی صورتحال

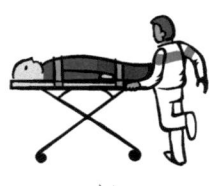

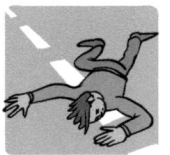

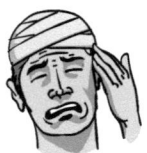

ټپ

زخم

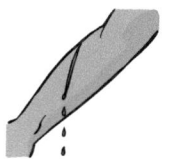

وینه تویدل

خون بہنا

د زړه حمله

دل کا دورہ

ضرب

فالج

حساسیت

الرجی

ټوخی

کھانسی

تبه

بخار

انفلوینزا

زکام

نس ناستی

اسہال

سر درد

سردرد

سرطان

کینسر

شکر

ذیابیطس

جراح

سرجن

سکالپل

نشتر

عملیات

آپریشن

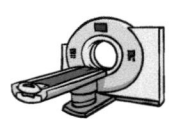

الټراساونډ

الٹراساؤنڈ

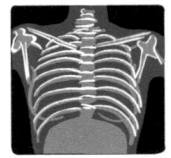

ایکس ری

ایکس رے

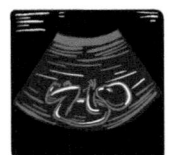

سي.ټي

سی ٹی

انتظار خونه

انتظارگاه

ناروغي

بیماری

د مخ ماسک

چہرے کا نقاب

بنداژ

پٹی

پلستر

پلاسٹر

امسآ

بیساکھی

تسکیره

اسٹریچر

ستاتسکوپ

اسٹیتھواسکوپ

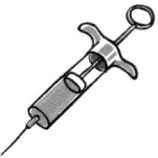

تزریق

انجکشن

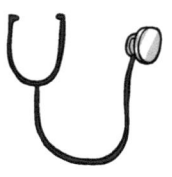

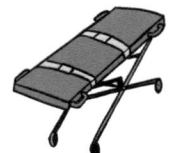

زیات وزن

حد سےزیادہ وزن

زیږون

پیدائش

کلینکي ترمامیټر

مطبی تھرما میٹر

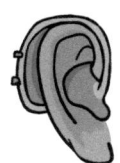

د اوریدو مرسته
....
آلہ سماعت

د عفونیت ځخه پاکونکي مواد
....
جراثیم کش

عفونیت
....
انفیکشن

ویروس
....
وائرس

ایچ.آی.وی/ایدز
....
ایچ آئی وی/ ایڈز

درمل
....
دوا

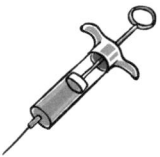

واکسین
....
ویکسی نیشن

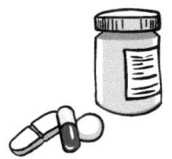

ټابلیټس
....
گولیاں

ګـولی
....
گولی

عاجل تلیفون
....
ہنگامی کال

د وینې د فشار ځارونکی
....
بلڈ پریشرمانیٹر

ناروغ/روغ
....
بیمار/ صحتمند

عاجل

ہنگامی صورتحال

يرغل

مُجرمانہ حملہ

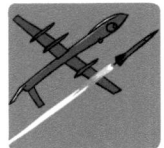

الارم

الارم

مرسته!

مدد!

عاجل لاره

ہنگامی راستہ

خطر

خطرہ

برید

حملہ

پیښه

حادثہ

د اور وژونکی

آگ بُجھانےوالہ آلہ

اور!

آگ!

پولیس

پولیس

ایس.او.ایس

ایس اوایس

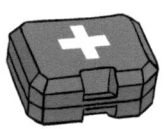

د لومړۍ مرستې لوازم

ابتدائی طبی امداد کی کٹ

ځمکه

زمین

سهیلي امریکا
....
جنوبی امریکه

شمالي امریکا
....
شمالی امریکه

اروپا
....
یورپ

آسټرلیا
....
آسټریلیا

آسیا
....
ایشیا

افریقا
....
افریقه

د هند بحر
....
بحرهند

پاسیفیک
....
بحرالکاهل

اتلانتیک
....
بحراوقیانوس

شمالي قطب
....
قُطب شمالی

د شمال قطب بحر
....
بحرقُطب شمالی

جنوبي منجمد بحر
....
بحرقُطب جنوبی

ځمکه

....

زمين

انټارکټيکا

....

انٹارکٹیکا

سهيلي قطب

....

قُطب جنوبی

ټاپو

....

جزيره

بحر

....

سمندر

ځمکه

....

زمين

دولت

....

رياست

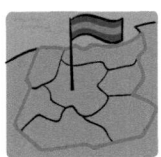

ملت

....

قوم

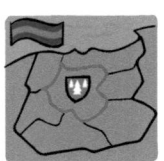

د دقيقي ستنه

منٹوں والی سوئی

د ساعت ستنه

گھنٹوں والی سوئی

د مخي ساعت

کلاک کا سامنےکا حصہ

ورځ

دن

څه وخت دی؟

کیا وقت ہوا ہے؟

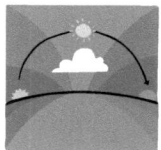

د ثانيي ستنه

سیکنڈ ہینڈ

ډيجيټل ساعت

ڈیجیٹل گھڑی

اوس

اب

وخت

وقت

ساعت

گھنٹہ

دقيقه

منٹ

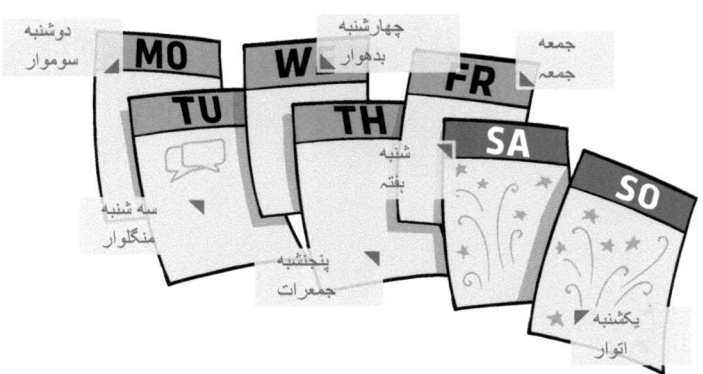

اونۍ

ہفتہ

پرون

گزرا کل

نن

آج

سبا

کل

سهار

صبح

غرمه

دوپہر

ماښام

شام

کاري ورځې

کاروباری دن

د اونۍ پای

ہفتے کا اختتام

باران
بارش

رنگین کمان
قوس قزح

واوره
برف

باد
بوا

پسرلی
بهار

منی
خزان

اوړی
موسم گرما

ژمی
موسم سرما

د موسم وړاندوینه
موسمی پیش گوئی

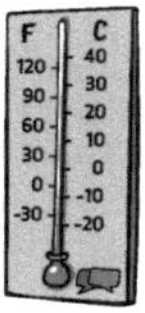

ترمومیتر
تهرما میٹر

د لمر وړانگی
دهوپ

وریځ
بادل

لړه
دُهند

رطوبت
حبس

رڼا
....
بجلی کوندھنا

تندر
....
بادلوں کی گرج

توفان
....
طوفان

ږلی وریدل
....
ژالہ باری

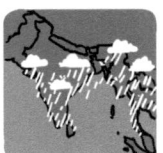

مون سون باران
....
مون سون

سیلاب
....
سیلاب

یخ
....
برف

جنوري
....
جنوری

فبروري
....
فروری

مارچ
....
مارچ

اپرېل
....
اپریل

مې
....
مئی

جون
....
جون

جولای
....
جولائی

اګست
....
اگست

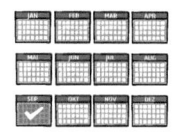

سپتمبر
....
ستمبر

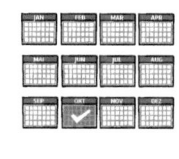

اکتوبر
....
اکتوبر

نومبر
....
نومبر

دسمبر
....
دسمبر

شکلونه

اشکال

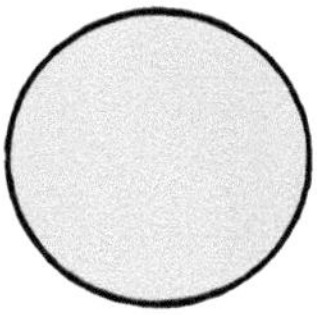

دایره
....
دائره

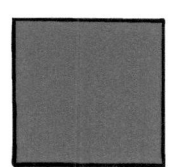

مربع
....
چوکور

مستطیل
....
مُستطیل

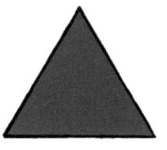

مثلث
....
تکون

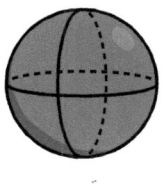

توپ
....
کُره

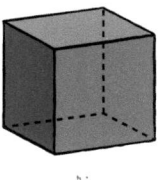

فال
....
مکعب

رنګونه

رنگ

نارنجي

نارنجی

ژیړ

پیلا

سپین

سفید

ارغواني

جامنی

سور

سُرخ

ګلابي

گلابی

نسواري

بهورا

شین

سبز

نیلي

نیلا

تور

سیاه

خړ

مټیالا

متضاد

مخالف

ښکلی/بدشکله

....

خوبصورت / بدصورت

قار/ارام

....

ناراض / پُرسکون

خورا ډیر/خورا لږ

....

بہت زیادہ / بہت کم

روښانه/تیاره

....

روشن / اندھیرا

لوی/کوچنی

....

بڑا / چھوٹا

پیل/پای

....

آغاز / اختتام

مکمل/نامکمل

....

مکمل / نامکمل

پاک/ککړ

....

صاف / گندا

ورور/خور

....

بھائی / بہن

پراخه/نری

....

چوڑا / تنگ

مړ/ژوندی

....

زندہ / مُردہ

ورځ/شپه

....

دن / رات

پاریدلی/بې خونده

پُرجوش / بوریت کا شکار

بد/مهربان

بُرا / اچھا

د خوراک وړ/نه خوړل کېدونکی

کھانےکےقابل ہونا / کھانےکےقابل نہ ہونا

ملګری/دښمن

دوست / دُشمن

لومړی/وروستی

پہلا / آخری

چاق/وچ

موٹا / دُبلا

دروند/سپک

بوجھل / ہلکا

سخت/نرم

سخت / نرم

ډک/تش

بھرا ہوا / خالی

غیرقانوني/قانوني

غیرقانونی / قانونی

ناروغ/روغ

بیمار/ صحتمند

لوږه/تنده

بھوک / پیاس

نږدې/لرې

نزدیک / دور

کیڼ/ښي

بائیں / دائیں

هوښیار/ساده

عقلمند / بیوقوف

بډا/ځوان

....

بوڑھا / نوجوان

هيڅ/يوڅه

....

کچه نہیں / کچه ہے

نوی/زوړ

....

نیا / پُرانا

غلی/لوړ غږ

....

خاموش / بُلند آواز

خلاصه/تړلی

....

کُھلا / بند

چالانه/بند

....

آن / آف

زیږ/ملایم

....

کھُردرا / ہموار

صحیح/غلط

....

ٹھیک / غلط

بډایه/غریب

....

امیر/ غریب

سست/ګړندی

....

آہستہ / تیز

لنډ/اوږد

....

مُختصر / طویل

خفه/خوښ

....

افسرده / خوش

جګړه/سوله

....

جنگ / امن

ګرم/یخ

....

گرم / ٹھنڈا

لوند/وچ

....

گیلا / خُشک

0

صفر
....
صفر

1

يو
....
ايک

2

دوه
....
دو

3

دری
....
تين

4

څلور
....
چار

5

پنځه
....
پانچ

6

شپږ
....
چھ

7

اوه
....
سات

8

اته
....
آٹھ

9

نهه
....
نو

10

لس
....
دس

11

يولس
....
گیاره

12	13	14
دولس	دیارلس	څوارلس
باره	تیره	چوده
15	16	17
پنځلس	شپاړس	وولس
پندره	سولہ	ستره
18	19	20
اتلس	نولس	شل
اٹھاره	اُنیس	بیس
100	1.000	1.000.000
سل	زر	میلیون
سو	ہزار	دس لاکھ

زبانیں

چینایی مندرین

چینی مینڈارین

امریکایی انګلسي

امریکی انگریزی

انګلسي

انگریزی

فرانسوي

فرانسیسی

هسپانوي

ہسپانوی

هندي

ہندی

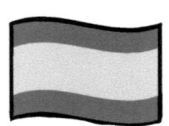

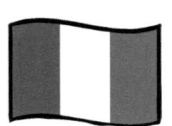

پرتګالي

پُرتگالی

روسي

روسی

عربي

عربی

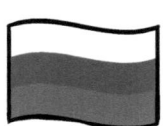

جاپاني

جاپانی

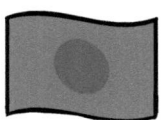

آلماني

جرمن

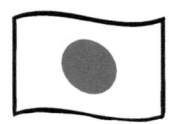

بنګالي

بنگالی

څوک/څه/څنګه

کون / کیا / کیسے

هغه/دغه/دا

....

وہ (لڑکا) / وہ (لڑکی) / یہ

ته

....

تم

زه

....

میں

دوی/هغوی

....

وہ

تاسي

....

تم

موږ

....

ہم

څنګه؟

....

کیسے؟

څه؟

....

کیا؟

څوک؟

....

کون؟

نوم

....

نام

کله؟

....

کب؟

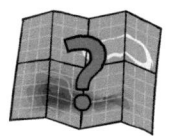

چیری؟

....

کہاں؟

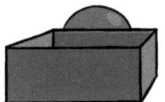

کهاں

په مخه کې

کےسامنے

په

میں

شاته

پیچھے

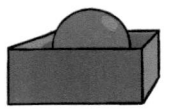

لاندې

نیچے

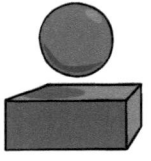

په

پر

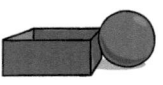

باندې

اوپر

ځای

جگه

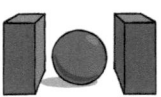

ترمینځ

درمیان

برسیره پر

ساته